MARVEL
SUPERHELDEN-ABENTEUER

Spider-Man rettet Weihnachten

Mit Spider-Man,
Spider-Gwen und
Venom

Von **MacKenzie Cadenhead** und **Sean Ryan**
Aus dem Englischen von **Anke Albrecht**
Mit Illustrationen von **Derek Laufman**

cbj

Bei diesem Buch wurden die durch das verwendete Material und die Produktion entstandenen CO_2-Emissionen ausgeglichen, indem der cbj Verlag ein Projekt zur Aufforstung in Brasilien unterstützt. Weitere Informationen zu dem Projekt unter: www.ClimatePartner.com/14044-1912-1001

Penguin Random House Verlagsgruppe
FSC® N001967

Für Phinn & Lyra
MacKenzie Cadenhead
Für Mum & Dad
Sean Ryan

1. Auflage 2021
© 2021 MARVEL
Die englische Originalausgabe erschien 2017 bei Marvel Press,
ein Imprint von Disney Book Group, New York,
unter dem Titel »MARVEL Super Hero Adventures: Deck the Malls!«
2021 cbj Kinder- und Jugendbuchverlag in der
Penguin Random House Verlagsgruppe GmbH,
Neumarkter Str. 28, 81673 München
Alle deutschsprachigen Rechte vorbehalten
Übersetzung: Anke Albrecht
Umschlag- und Innenillustrationen: Derek Laufman
Umschlaggestaltung: Geviert, Grafik & Typografie
MK · Herstellung: EM
Satz: Uhl + Massopust, Aalen
Druck: Grafisches Centrum Cuno GmbH & Co. KG
ISBN 978-3-570-17938-3
Printed in Germany

www.cbj-verlag.de

Spider-Man

Peter Parker war ein ganz normaler Junge, dann biss ihn eine radioaktive Spinne, und er wurde **der Erstaunliche Spider-Man!** Er hat Superkräfte, kann an Mauern hochklettern und ungeheuer weit springen. Als Wissenschaft- und-Technik-Freak konnte Peter auch eigene Netzwerfer entwickeln. Seinen Job als Superheld nimmt er sehr ernst, denn sein Onkel Ben hat ihm beigebracht: Aus großer Kraft folgt große Verantwortung!

Spider-Gwen

Gwen Stacy ist nicht nur Peter Parkers Freundin und die Drummerin in einer irre guten Rockband. Sie hat auch dieselben Spinnenkräfte wie unser Lieblings-Netzwerfer und bekämpft als **Spider-Gwen** die Schurken! Gwens Vater George Stacy ist der Polizei-chef – die Verbrecherjagd liegt ihr also im Blut!

Venom

Venom ist ein außerirdisches Wesen, das nur Gestalt annehmen kann, wenn es sich an den Körper eines Menschen anheftet. Es kontrolliert dann alle Gedanken und Bewegungen dieses Menschen – das ist wirklich gruselig. Im Moment steckt Venom in einem Typ namens Eddie Brook. Aber Eddie ist ein ganz normaler Kerl, und Venom will mehr Kräfte, mehr Macht – überhaupt von allem mehr. Wer könnte da ein besserer Wirt sein als der freundliche Spider-Man von nebenan? Wenn Venom sich an ihn heften könnte, hätte er unglaubliche Kräfte!

Kapitel 1

„Fünfunddreißig, sechsunddreißig, siebenunddreißig." Peter Parker zählte die Menschen,
die vor Easy Ernies Elektronik, einem Laden im
Forest-Hill-Einkaufszentrum, anstanden. Peter
und seine Tante May waren ganz am Ende der
Schlange. „Da stehen siebenunddreißig Leute
vor uns!", beschwerte sich Peter.
Tante May legte ihm eine Hand auf die Schulter.
„Lass uns später noch mal wiederkommen",
meinte sie. „Vielleicht ist die Schlange dann
kürzer."

Peter fiel die Kinnlade herunter. „Später?",
jammerte er. „Aber dann ist die neue Stark-
Enterprises-Smartwatch vielleicht schon
ausverkauft!"

„Peter, wir müssen heute noch so viele
Weihnachtseinkäufe erledigen", sagte Tante
May. „Wir haben keine Zeit, nur vor *einem*
Laden anzustehen."

Peter stampfte mit dem Fuß auf. Er verschränkte
die Arme vor der Brust, zog die Augenbrauen
zusammen und verzog den Mund. Einen Trotz-
anfall ihres Neffen hatte May Parker lange nicht
mehr erlebt. Sie verkniff
sich ein Lachen.

„Tante May", sagte Peter.
„Die Stark-Smartwatch ist
die genialste Entwicklung
im Bereich der Computer-
Technik seit dem Stark-
Pad. Diese Uhr wird mein
Leben verändern!"

9

„Und wie?", fragte Tante May.

Peter blinzelte. Er schaute an die Decke und dann auf seine Füße. „Ähm … weiß ich noch nicht so genau. Aber sie tut's! Bitte! Mehr will ich nicht zu Weihnachten!"

Tante May verstand nichts von Technik und Computern. Aber sie wusste, dass Peter ein lieber, hilfsbereiter Junge war. Und wenn sie ihm damit eine so große Freude machen konnte, war es schwer, Nein zu sagen. Sie lächelte und sagte: „Was weiß ich schon von lebensverändernden Uhren? Also gut, Peter. Ich besorge dir die Uhr als Weihnachtsgeschenk für dieses Jahr."

Peter klatschte in die Hände. „Danke, danke, danke!", sagte er und umarmte seine Tante. Dann schwang er sich seinen Rucksack über die Schulter und ging los.

„Peter", sagte Tante May, „wo willst du denn hin?"

„Ich hab noch 'ne Menge einzukaufen",
antwortete er. „Ich kann nicht den ganzen
Tag für mein eigenes Geschenk anstehen!
Wenn ich fertig bin, guck ich mir an, wie
weit du schon gekommen bist." Er winkte.
„Noch mal danke. Du bist die Beste!"
Tante May sah ihren Neffen zwischen den
anderen Weihnachtseinkäufern verschwinden.
Peter rannte oft weg, ohne ihr zu sagen,
warum und wohin, heute wusste sie
wenigstens, wo er was tat.

Sie sah sich ihren Einkaufszettel an und seufzte.

„Zuckerstange?", fragte der Herr, der hinter ihr in der Schlange stand.

Tante May nahm sich eine. „Auf jeden Fall."

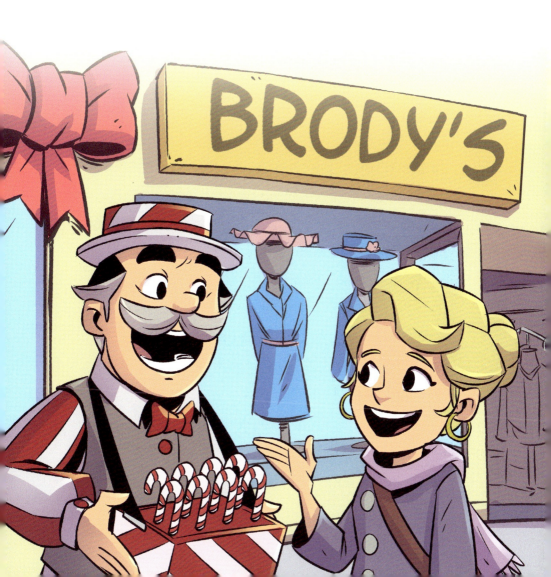

Kapitel 2

„Das würde gut zu meiner neuen Smartwatch
passen", sagte Peter zu sich selbst. Er hielt sich
ein marineblaues Sweatshirt mit braunen Flicken
auf den Ellbogen an. „Cool", sagte er zu seinem

Spiegelbild. „Das kommt auch auf die Wunschliste."

Als Peter Tante May vor Ernies Laden stehen gelassen hatte, wollte er eigentlich für sie und seine Freunde Geschenke kaufen. Aber beim Herumlaufen hatte er lauter Sachen gesehen, die er selbst gern haben wollte. Weihnachten war das Fest des Schenkens. Und wenn jemand *ihm* etwas schenken wollte, dann sollte er doch ein paar Vorschläge bereithaben, oder nicht? Peter ging in einen Buchladen. Er wollte Tante May den neuesten Agatha-Twisty-Krimi schenken. Aber als er zu den Wissenschaftsbüchern kam, dachte er: Es kann ja nicht schaden, mal zu gucken, was gerade neu erschienen ist.

Zehn Minuten später blätterte er immer noch in den Büchern herum und grinste wie ein Weihnachtswichtel. „Oh Mann!", sagte er zu sich selbst. „Die müssen auf jeden Fall auf meine Wunschliste!"

Normalerweise dachte Peter nicht nur an sich selbst. Die meiste Zeit dachte Peter sogar nur an andere. Denn Peter Parker war Spider-Man, der Wände hochkraxelnde, netzwerfende Superheld. Seine Devise war: Anderen helfen. Das hatte Peter von seinem verstorbenen Onkel Ben gelernt, der ihm beigebracht hatte: Aus großer Kraft folgt große Verantwortung. Aber ab und zu – meistens wenn es um Geschenke ging – übernahm Peter Parker das „Ich-ich-ich-Kind" das Sagen. Heute zum Beispiel.

Peter träumte von einem Stapel hübsch eingepackter Wissenschaftsbücher. Da drang die Stimme eines Mädchens in seinen Tagtraum.

„Hey, Pete", sagte das Mädchen und umarmte ihn. „Was treibst du so?"
„Oh, hi, Gwen", sagte Peter. Sein geträumter Bücherturm fiel in sich zusammen. „Geschenke kaufen. Und du?"

„Dasselbe", antwortete Gwen Stacy. „Ich muss für so viele Leute was besorgen. Aber ich weiß nicht, was ich meinem Dad schenken soll. Was schenkt man dem Polizeichef, der schon alles hat?"

„Aha", sagte Peter. In Gedanken legte er die eingepackten Wissenschaftsbücher neben eine Geschenktüte mit dem Sweatshirt.

„Vielleicht kannst du mir helfen!", meinte Gwen. „Dad joggt gerne. Lass uns doch mal zu den Sportbüchern gehen."

Gwen Stacy war klug. Sie war witzig und sie war nett. Peter war wirklich gern mit ihr zusammen. Normalerweise hätte es Spaß gemacht, mit ihr ein Geschenk für ihren Dad zu finden. Aber heute hatte Peter schon etwas anderes vor.

„Sorry, Gwen", sagte er. „Geht nicht."

Gwen sah ihn überrascht an. „Ach komm, Peter. Ich könnte deine Hilfe wirklich brauchen. Es dauert nur eine Minute."

Peter dachte an den Spielzeugladen, in den er noch vor dem Mittagessen gehen wollte, und an die ferngesteuerte Drohne, mit der er spielen wollte. „Ich hab nicht mal eine Minute Zeit", sagte er und lief schon los. „Bis bald mal", rief er noch.

„Bis bald mal", sagte Gwen. Aber Peter war schon zu weit weg, um das zu hören.

Kapitel 3

Gwen stand alleine im Buchladen. Na, dachte sie, das war aber mies!

Gwen Stacy kannte Peter besser als die meisten Leute. Sie wusste, dass er großzügig war. Sie wusste, dass er anderen half. Sie wusste sogar, dass er Spider-Man war.* Den Peter, der keine Zeit für sie hatte, kannte sie nicht.

Ihr gefiel das überhaupt nicht.

In Gwens Leben gab es viele Menschen, auf die sie sich verlassen konnte. Sie war die Drummerin

* Sie kannte ihn eben wirklich gut!

in einer Mädchen-Rockband, die *The Mary Janes*
hieß, und die Mädchen waren wie Schwestern.
Ihr Dad war der Allercoolste. Und sie kam gut
allein zurecht.

Aber ihre Freundschaft mit Peter war etwas
Besonderes. Sie kannte sein Geheimnis und er
kannte ihres.

Gwen war nämlich genauso wie Peter von
einer radioaktiven Spinne gebissen worden.
Und wie Peter hatte sie Superkräfte entwickelt.
An Mauern hochklettern? Klar. Superkraft?
Sowieso. Netzwerfer? Selbstverständlich! Mit
ihren Superkräften bekämpfte sie Verbrecher.
Manchmal sogar im Team mit Spider-Man.

Okay, manchmal war Peter ein Besserwisser. Nur weil er schon länger ein Spinnen-Mensch war als sie, wusste er längst nicht alles! Aber einfach so wegzugehen? Nur an sich selbst zu denken? Nicht zu helfen? Nein, das war nicht der Peter Parker oder der Spider-Man, den Gwen kannte.

Und das würde Gwen ihm auch sagen. Gleich nachdem sie für ihren Vater ein Exemplar von *Superschnell mit Fartlek** gekauft hatte.

* *Nein, das hat nichts mit Fahren zu tun, Fartlek ist ein besonderes Lauftraining, das sich ein Schwede ausgedacht hat. Vielleicht musste er oft vor Elchen wegrennen.*

Kapitel 4

Peter spazierte durchs Einkaufszentrum. In den Schaufenstern glitzerten Lichter. Kränze und Girlanden aus Tannenzweigen schmückten die Läden. Ein Weihnachtsbaum stand neben einer Menora und einem anderen siebenarmigen Leuchter. Weihnachtssänger sangen: „Stille Nacht…"

„Ich liebe Weihnachten", sagte Peter. „Alle sind in so festlicher Stimmung, und keiner sagt was, weil ich mit mir selbst rede!"

Fröhlich hüpfte er weiter.

Alles, was ihn jetzt noch vom Spielzeugladen

trennte, waren die Weihnachtssänger, ein
Kaufhaus, die Weihnachtsmann-Werkstatt und
das widerwärtige Alien, das ihm schon seit zehn
Minuten folgte.

Dieses Alien hieß Venom. Und es wünschte sich
Peter, so wie sich ein Kind Schnee wünscht.

Im Grunde war das Alien nur ein schwarzer
Glibber – ekliger als alles, was je unter deiner
Schuhsohle geklebt hat. Aber wenn es
sich an einen Menschen heftete,
nahm es dessen Gestalt an und
steuerte ihn – wie ein klebender
nasser Badeanzug, wenn der
echt fies sein und dein
willenloses Ich lenken
könnte.

Venom steckte gerade
in einem Kerl namens
Eddie, aber eigentlich
wollte er unbedingt Peter
haben.

„Wir müssen uns an den
stärksten, schnellsten, mäch-
tigsten Menschen heften", zischte
er. „Wir wissen, dass Peter Parker
Spider-Man ist. Wenn wir seine
Spinnenkräfte lenken, lenken wir
die Welt! Wir müssen ihn haben!"
Venom hockte auf einem Balken. Peter
näherte sich den Weihnachtssängern.

28

Das Alien wollte gerade abspringen, da
stimmten die Sänger „Jingle Bells" an. Ihre
Stimmen waren genauso laut wie die schrillen
Schlittenglocken in ihren Händen.

Venom zitterte. Der schwarze Glibber zitterte.
Er löste sich von Eddie. Er rannte vor dem Lärm
weg. In einer stillen Ecke nahm er sich wieder
zusammen.

„Wir hassen Weihnachten", sagte Venom.
„So viel Geschrei. Sänger, Glocken, lachende
Leute! Mumpitz! Wir warten, bis Peter Parker
an einen ruhigeren Ort geht. Dann greifen
wir an!"

Und kaum war Peter an einem ruhigeren Ort,
tat Venom genau das.

Kapitel 5

„Uuff!", sagte Peter.

„Zisch!", machte Venom.

Das widerwärtige Wesen warf sich auf den Teenager und schleuderte ihn in das Kaufhaus. Peter stand wieder auf. Venom stürmte auf ihn zu. Peter rannte weg.

„Umkleide, Umkleide, Umkleide", rief Peter. Er rannte zwischen

den Auslagen hindurch und suchte nach einer Kabine oder einem Versteck, um sich in Spider-Man zu verwandeln. Als Peter Parker konnte er schlecht gegen Schurken kämpfen. Als Superheld schon. Venom durfte ihn auf keinen Fall einholen! Peter griff nach allen möglichen Sachen und warf sie auf das Wesen. Einen Schal. Eine Handvoll Kunstschnee. Einen Zylinder. Alles blieb an Venom hängen. Venom sah sich in einem Spiegel und zischte.

„Wir sehen aus wie Frosty der Schneemann!", kreischte er. „Das wirst du büßen!" Venom sah sich um. Peter war nirgends zu sehen. „Komm raus, komm sofort raus. Du kannst dich nicht vor uns verstecken! Zeig dich, Spider-…"

KLONK!

Spider-Man schnellte mit den Füßen zuerst aus einer Umkleidekabine. Er riss Venom um und dabei Schal und Zylinder ab.

„Man", sagte Spidey. „Du wolltest ,Man' sagen, stimmt's?"

Venom zog sich zu den Imbiss-Ständen zurück.
Spider-Man folgte ihm.
Mitten zwischen dem weihnachtlichen Fast Food
gingen das Glibber-Wesen und der Spinnen-
Mann aufeinander los. Spider-Man warf Venom
mit Schneemann-Eisbechern und Weihnachts-
keksen um. Venom warf Spidey in eine
Weihnachtsbaum-Pizza.

„Ah", sagte Spider-Man. „Mit Peperoni geschmückt. Echt süß."

Der Superheld und der Superschurke kämpften sich durch Rentier-Rugelach, Christkindl-Calzone und Krippen-Kipferl. Als Venom Spidey schließlich in einen Lebkuchen-Berg warf, waren dem Netzwerfer Süßigkeiten und Ideen ausgegangen.

„Eieiei", sagte Spider-Man. „Ich könnte wirklich Hilfe gebrauchen."

Kapitel 6

„Das war das dritte Mal, dass ich Miss Marvel gesehen habe, aber erst das zweite Mal in New Jersey!" Der Mann mit den Zuckerstangen zeigte Tante May ein paar Fotos auf seinem Stark-Phone 6. „Und hier ist das vierte Mal. Ich bin mir sicher, dass sie mich erkannt hat. Sehen Sie, wie sie lächelt?"

Die Schlange vor Easy Ernies Elektronik war vielleicht einen Meter vorgerückt, seit Peter gegangen war. Tante May liebte ihren Neffen, aber das endlose Superhelden-Gerede ihres neuen Freundes machte ihr das Warten nicht gerade leicht.

Ein aufgeregter junger Mann rannte an der Schlange vorbei. „Spider-Man und Venom kämpfen bei den Imbiss-Ständen!", rief er. „Da gibt's tieffliegende Pizza!"

Der Zuckerstangen-Mann zückte sein Stark-Phone. „Halten Sie mir den Platz in der Schlange frei?", fragte er Tante May. Und dann rannte er los, ohne die Antwort abzuwarten.

Seine Geschichten hatte Tante May langweilig gefunden, aber nicht, weil sie von Superhelden handelten. Tante May liebte Superhelden. Vor allem Spider-Man. Den würde sie auch gerne mal in Aktion sehen.

Aber ich habe Peter versprochen, weiter anzustehen, dachte Tante May. Bis auf den Zuckerstangen-Mann hatte niemand die Schlange verlassen. Sie fragte sich, wo Peter wohl war. Sie holte ihr Handy heraus und wählte seine Nummer. Es meldete sich nur die Voicemail. Sie hoffte, dass Peter sich nicht in der Nähe der Imbiss-Stände aufhielt. Sie

hoffte, dass er nicht zwischen die Gegner
geraten war!

Tante May hatte keine Ahnung, dass ihr Neffe
Spider-Man war. In ihren Augen war Peter
weder der Stärkste noch der Schnellste. Sie
machte sich langsam Sorgen.

„Vielleicht sollte ich nach ihm suchen", sagte sie
zu sich selbst. Sie wollte gerade losgehen, als
eine nicht besonders kleine Spinne angeflogen
kam. Sie landete direkt neben Tante May.

„Ist bei Ihnen alles in Ordnung?", fragte Spider-
Gwen. Sie wusste, dass May Peters Tante war,
aber Tante May wusste nicht, dass diese
Spinnen-Frau Peters Freundin Gwen war.

„Spider-Man kämpft wohl bei den Imbiss-
Ständen gegen Venom", erwiderte Tante May.
„Und ich weiß nicht, wo mein Neffe ist –
hoffentlich nicht dort."

„Bleiben Sie hier", sagte Spider-Gwen. „Ich helfe
Spidey und sorge dafür, dass Ihrem Neffen nichts
passiert."

„Oh, danke schön", sagte Tante May.
„Dafür bin ich doch da", antwortete Spider-Gwen. Sie schoss ein Netz an die Decke und schwang sich davon.

Kapitel 7

Krach!

Spider-Man krachte auf einen Berg von Geschenken. Um ihn herum lag Konfetti-Schnee. An den Wänden hingen Riesen-Zuckerstangen. Ein großer Weihnachtsbaum stand neben einem mächtigen roten Sessel. Auf einem Tisch standen Milch und Kekse bereit.

„Heiliger Bimbam", sagte Spider-Man. Er rieb
sich das Kinn, wo Venoms Schlag ihn getroffen –
und bis ins Weihnachtsdorf geschleudert hatte.
„Hilfe gefällig?", fragten zwei Wichtel namens
Bridget und Winston im Chor. Sie streckten ihm
eine Riesen-Zuckerstange entgegen. Er packte
ein Ende. Sie zogen.

„Danke", sagte Spider-Man, als er wieder stand. „Der Schlag hat mich fast aus den Socken gehauen."

„Bedankt, dass du uns beschütztschatzt hast, Spidey", sagte Winston. „Wir Wichtel finden dich wuchtig!"

„Kein Dingdong", sagte Spider-Man. Er zeigte auf den leeren Sessel. „Bevor ich mit meinen vorweihnachtlichen Faxen weitermache, wollte ich noch fragen: Wo ist denn der Rauschebart? Ich hätt gern mit ihm geplaudert."

47

„Schnell mal eben am Nordpol", sagte Bridget. „Wenn du einen besonderen Wunsch hast, richten wir ihm den gerne aus."

Bevor Spider-Man „Stark-Smartwatch" sagen konnte, platzte Venom herein.

„Oh, der bekommt definitiv kein Geschenk", sagte Winston.

„Spider-Man, fang!", rief Bridget. Sie warf ihm eine Riesen-Zuckerstange zu. Spider-Man fing sie und stach mit ihr auf Venom ein.

Das Alien schnappte sich die Zuckerstange und brach sie entzwei. „Doofe Spinne", zischte es. „Dein Zucker-Speer tut uns nichts!"

Venom löste sich von seinem Wirt. Der
schwarze Glibber kam auf Spider-Man zu.
„Vereine dich mit uns, dann werden wir mehr
Kraft haben. Wir werden mehr Macht haben.
Wir werden mehr *alles* haben!"
Spider-Man landete mit einem Rückwärtssalto
auf dem Sessel. „Mehr, mehr, mehr. Wir, wir, wir.
An was anderes kannst du nicht denken?"
Er spann ein Netz als Sperre zwischen

dem Glibber und sich selbst. Venoms klebrige
Fühler verfingen sich im Netz. „Danke fürs
Angebot", sagte Spider-Man. „Aber ich will
keinen schmierigen Freund haben."
Der Glibber befreite sich aus dem Netz und
heftete sich wieder an seinen Wirt an.
„Wenn du uns nicht willst, werden wir dich
vernichten", zischte Venom.
„Jetzt bist du schön in Feststimmung", meinte
Spidey. „Da bin ich aber auf deine Weihnachts-
karte gespannt."
Er schoss seine Netze auf Venom ab.
Venom fing sie und zog an ihnen.
Spider-Man flog in hohem Bogen durch die Luft.
Er flog aus der Weihnachtswerkstatt heraus
und landete klirrend in einem Goldmünzen-

Haufen in der Chanukka-Ausstellung. Ein übergroßer Dreidel fiel aus seiner Halterung auf ihn herunter.

„Autsch", sagte da auf einmal Spider-Gwen. „Das gibt einen Brummschädel!"

Kapitel 8

„Mann, bin ich froh, dich zu sehen", sagte Spider-Man. Er klemmte zwischen dem Dreidel und dem Chanukka-Geld fest und streckte bittend einen Arm aus.

Spider-Gwen rührte sich nicht.

„Falls du's nicht mitbekommen hast", sagte Spidey, „Venom wütet hier gerade. Ich könnte wirklich Hilfe gebrauchen."

Spider-Gwen verschränkte die Arme. „Ach, jetzt brauchst du also meine Hilfe?"

Spider-Man senkte den Blick.

„Und wie war das, als ich deine Hilfe brauchte?",
fuhr sie fort. „Für meinen Dad habe ich jetzt nur
ein Lauftraining mit dem komischen Namen
Fartlek." Sie warf Spidey das schwere Buch zu.
Er fing es mit der freien Hand.
„Ha", lachte Spider-Man. „Das ist eher was fürs
Hanteltraining."
„Echt witzig", sagte Gwen. „Deshalb hab ich ja
deine Hilfe gebraucht. Aber du warst nicht für
mich da."
Spider-Man wurde klar, dass er nicht so viel
besser als Venom war.
Mehr, mehr, mehr.
Ich, ich, ich. „Du hast
recht. Es tut mir leid.
Ich hätte dir helfen sollen.

Ich war heute total egoistisch." Er seufzte. „Ich
habe sogar Tante May in einer echt langen
Schlange anstehen lassen – für mein Geschenk.
Dabei wusste ich, dass sie viel zu erledigen
hatte. Aber damit ist jetzt Schluss. Sobald wir
Venom überwältigt haben, mach ich es wieder
gut. Schluss mit dem verwöhnt, aufgeblasen,
nervigen …"
„Fartlek!", rief Spider-Gwen.
„Äh, was?"
„Wirf mir das Fartlek zu!"

Hinter Spider-Man zischte es. Er warf Spider-Gwen das Buch zu. Sie fing es und schleuderte es gegen Venoms Brust. Der Schurke fiel rückwärts – fast hätte er Spidey erwischt. Spider-Gwen zog den Dreidel von Spider-Man herunter und befreite ihren Freund. Dann ging sie auf Venom los.

Das Alien kam auf die Beine. Es schlug nach Spider-Gwen. Sie duckte sich. Sie trat nach ihm. Venom sprang beiseite.

„Du bist nicht die Spinne, die wir wollen",
zischte Venom. „Aber du reichst aus."
Seine klebrigen Fühler streckten sich
Spider-Gwen entgegen.

„Wow, danke", sagte sie und rannte los. „Du
weißt, wie man einem Mädchen Komplimente
macht!"
Sie lief eine Mauer hinauf. Venom folgte ihr. Sie
sprang von Balken zu Balken. Das Alien sprang
ihr nach. Venom war schnell. Er kam immer

näher. Nur noch ein paar Sekunden und er würde Spider-Gwen fangen!

Plötzlich schwirrte eine Drohne, die mit goldenen klingelnden Glöckchen behängt war, zwischen die Heldin und ihren Verfolger. Venom hielt sich gequält die Ohren zu.

Und stürzte zu Boden.

Spider-Gwen war außer Gefahr.

Sie schwang sich zum Spielzeugladen herüber, vor dem Spider-Man stand. Er hielt eine Fern-

steuerung in der Hand. Er drehte an einem
Knopf und die klingelnde Drohne flog zu ihm.
„Die kommt auf meinen Wunschzettel", sagte er.
Spider-Gwen schüttelte den Kopf.
„Sorry", sagte Spidey. „Es geht gerade nicht um
mich."
Spider-Gwen nahm die Drohne und ließ die
Glöckchen klingeln „Aber vielleicht geht es
dadrum." Sie sah Spider-Man an. „Lenk den
Glibber-Kerl mal kurz ab und dann komm zu
den Weihnachtssängern. Ich hab eine Idee."

Kapitel 9

„Und da kommt ihr ins Spiel", sagte Spider-Gwen.
Sie stand vor einem Musikladen und sprach mit
den Weihnachtssängern. Sie hatte gerade
erklärt, dass Spider-Man und Venom jede Sekunde
kommen könnten und dass sie die Hilfe der
Sänger brauchte.

Die Sänger waren sprachlos. Gegen Bösewichte
zu kämpfen, stand nicht auf ihrem Programm.
Die Jüngste war ein Mädchen namens Grace.
Grace war schüchtern. Aber sie war auch
mutig. Wenn es um eine wichtige Sache ging,
konnte Grace den Mund aufmachen. Einen

Superschurken zu besiegen, war eine super wichtige Sache. Grace hob die Hand.

„Ja?", fragte Spider-Gwen.

„Du bist eine Superheldin", sagte Grace. „Was können wir, das du nicht kannst?"

Spider-Gwen ging in die Knie und sah Grace in die Augen. „Ihr könnt singen, oder?"

Das Mädchen nickte.

Spider-Gwen gab ihr eine Handglocke. „Dann versuchen wir's auf vier mit ‚Jingle Bells'." Kaum eine Minute später kam Spider-Man angeschwungen. Venom war direkt hinter ihm. „Ich hoffe wirklich, dass Gwens Plan funktioniert", sagte Spidey zu sich selbst. „Wenn nicht, werde ich wohl von einem Alien entführt."

Spider-Gwen entdeckte Spidey. Sie sprang hinter ein Schlagzeug, das sie im Musikladen ausgeliehen hatte. Die Sänger umringten sie. Alle hielten eine Glocke in der Hand. Spider-Gwen schnappte sich die Trommelstöcke. Sie

tippte sie aneinander und zählte: „Eins, zwei, drei, vier!"

Das war der Auftakt zu einer wirklich rockigen Version von „Jingle Bells".

Die Töne hämmerten auf Venom ein. Das Alien begann zu kreischen. Es wollte fliehen, aber Spider-Man hielt es mit einem gut gezielten Schlag auf.

Spider-Gwen schlug auf die Trommeln ein. Die Sänger läuteten ihre Glocken. Venom löste sich langsam von seinem Wirt. Grace sang lauter! Und schließlich hatte sich der schwarze außerirdische Glibber ganz von dem Menschen gelöst, den er

kontrolliert hatte. Ohne diesen Körper blieb von dem Alien nichts als ein Haufen Schleim. Es sah harmlos aus, aber es war trotzdem gefährlich. Spider-Man rannte zu einer Frau hinüber. „Darf ich?", fragte er und zeigte auf eine Geschenkschachtel und ein Geschenkband, die sie gerade eingekauft hatte. Die Frau gab ihm beides. Spidey stopfte den grässlichen Glibber in die Schachtel. Er rammte den Deckel fest. Die Schachtel wackelte. Sie ruckelte. Das Alien wollte heraus. Spider-Man hockte sich auf den Deckel und griff nach dem Band. Er schlang es um die Schachtel und band eine hübsche, feste Schleife.

Kapitel 10

Spider-Man, Spider-Gwen und die Schachtel mit Venom darin hockten auf einer Bank und lauschten den Weihnachtssängern. Die Superhelden überlegten gerade, was sie mit der Schachtel tun sollten, als zwei Polizisten ankamen. „Ach, Spider-Man, das wär doch nicht nötig gewesen", sagte Officer Ditko. Grinsend griff er nach dem Geschenk.

„Lassen Sie's lieber zu, Officer", sagte Spider-Gwen. „Da drin ist ein außerirdischer Parasit, der Ihren Körper erobert und Sie zu einem Superschurken macht."

Officer Ditko seufzte. „Was denn sonst?"

Seine Partnerin half ihm vorsichtig, die Schachtel anzuheben. „Weg damit", meinte Officer Stanley. „Irgendeine Idee, was wir damit machen sollten?"

„Geben Sie sie Tony Stark", schlug Spider-Man vor. „Aber sagen Sie Iron-Man, dass er sie nicht umtauschen kann."

„Okay", sagte Officer Stanley. „Danke, Spinnen-Freunde. Und fröhliche Feiertage."

Spider-Man sah Spider-Gwen an. „Sorry, dass ich dir nicht geholfen habe, als du mich darum gebeten hast. Ich würde dir jetzt gerne helfen, das perfekte Geschenk für deinen Dad zu finden. Darf ich?"

„Ja, danke", sagte Spider-Gwen, „das wäre toll."

„Ich treffe dich in einer Stunde im Buchladen", sagte Spidey. „Vorher muss ich mich noch um was anderes kümmern."

Spider-Man zielte mit seinen Netzwerfen in die Luft. Er spann ein Netz und schwang sich daran davon.

Kapitel 11

„Und dann hat sie wie wild getrommelt", sagte der Zuckerstangen-Mann. Er hatte sich den Kampf der Superhelden angeschaut und stand jetzt wieder in der Schlange vor Easy Ernies Elektronik. Gerade zeigte er Tante May Fotos von Spider-Man und Spider-Gwen auf seinem Stark-Phone.

„Ich wusste nicht, dass sie trommeln kann. Wie war sie?", fragte Tante May.

„Fantastisch!", antwortete er. „Vielleicht ist das eine Superkraft von ihr."

„Wie aufregend", sagte Tante May und scrollte weiter durch die Fotos. Da räusperte sich jemand neben ihr.

„Hi, Tante May", sagte der Jemand. May sah auf und erkannte ihren Neffen. Er hielt ein eingepacktes Geschenk in der Hand.

„Da bist du ja!", sagte sie. „Peter, ich bin so froh, dass es dir gut geht. Hast du gehört, dass Spider-Man im Einkaufszentrum war? Er hat uns mit seiner reizenden Spinnen-Freundin vor einem abscheulichen Alien gerettet. Mein Mitwartender hat ein paar tolle Fotos gemacht. Möchtest du sie sehen?"

„Nein, danke", sagte Peter. „Aber sie sind bestimmt großartig."

„Ich mache nur von den besten Momenten des Lebens Fotos", meinte der Zuckerstangen-Mann etwas gekränkt.

„Es ist nur so: Wir können nicht länger bleiben", sagte Peter. „Tante May, darf ich dich zum Essen einladen?"

Tante May sah sich die Schlange an. Sie war etwas kürzer geworden, aber es standen immer noch mindestens zwanzig Leute vor ihnen.

„Aber, Peter", sagte sie. „Wenn wir jetzt essen gehen, bekommst du deine Stark-Smartwatch nicht. Ich möchte nicht, dass du auf das

Geschenk verzichtest, das dein Leben verändern könnte."

Peter zuckte die Achseln. „Mein Leben ist schon ziemlich toll. Besser wird es nur, wenn ich mit jemandem zusammen bin, den ich liebe. Es tut mir leid, dass ich zu egoistisch war, das zu begreifen."

Er streckte Tante May das Geschenk entgegen. „Das einzige Geschenk, das ich brauche, ist dieses Geschenk für dich."

Tante May lächelte. Sie nahm das Päckchen und packte es aus. „Der neue Agatha-Twisty-Krimi!", rief sie. „Oh, danke, Peter. Wie wunderbar." Tante May umarmte ihn und nahm seine Hand. „Um ehrlich zu sein, hab ich reichlich Hunger. Eine Frau kann nicht nur von Zuckerstangen leben." Sie verabschiedete sich von ihrem neuen Freund und verließ mit Peter die Schlange.

„Möchtest du zu den Imbiss-Ständen gehen?" fragte er. „Da soll es Krippen-Kipferl geben."

Tante May lachte. „Klingt köstlich."
Als Peter Parker und seine Tante Hand in
Hand zu den Imbiss-Ständen gingen, zog der
Zuckerstangen-Mann sein Stark-Phone aus
der Tasche. Er machte ein Foto. *KLICK*.
„Die besten Momente im Leben", sagte er.

SPIDER-MAN IN *Leuchte den Weg!*

Es ist so weit ...

... hier kommt die festliche Zeit.

Im Kreis der Familie entzünden wir Kerzen.

Und ein warmes Feuer in unseren Herzen.

Die festliche Zeit leuchtet alles aus ...

... und führt dich immer nach Haus.

MacKenzie Cadenhead ist gelernte Dramaturgin und war lange Redakteurin für Marvel-Comics. Als Autorin hat sie bereits für Kinder und Jugendliche geschrieben. Sie lebt mit ihrer Familie in New York, und wenn sie sich eine Superkraft wünschen dürfte, wäre sie gern superstark.

Sean Ryan ist schon seit über zehn Jahren in der Comicszene zu Hause und hat bereits für Marvel und DC Comics gearbeitet. Im Moment lebt er in Los Angeles, schreibt Comics für mehrere Verlage und stand damit schon auf der New-York-Times-Bestsellerliste. Seine liebste Superkraft wäre das Fliegen.

In der Reihe »Marvel Superhelden-Abenteuer« ist bei cbj außerdem dieser Band erschienen:
Spider-Man und seine Insektenfreunde (17950)

Mehr über cbj auf Instagram unter @hey_reader und @cbjverlag.

MARVEL Mein Superhelden-Malblock

Bilder zum Ausmalen und Heraustrennen

72 Seiten, ISBN 978-3-570-17952-9

Zu diesem hochwertigen Malblock werden vier leuchtende Buntstift-Farben gleich mitgeliefert, mit denen Kinder ab 6 Jahre ihre liebsten Superhelden zum Leben erwecken können. Über 30 Schwarz-Weiß-Malvorlagen, die einzeln herausgetrennt und an die Wand gehängt werden können: Toller Marvel-Beschäftigungsspaß für daheim und unterwegs!

Malen und kreativ sein mit Marvel-Helden: Schluss mit Langeweile!
Mit vier Buntstiften zum direkt Loslegen.

www.cbj-verlag.de

MacKenzie Cadenhead; Sean Ryan

Spider-Man und seine Insektenfreunde

88 Seiten, ISBN 978-3-570-17950-5

Lesen lernen mit Spider-Man: Entdecke deine eigene Lese-Superkraft!

Peter Parker, besser bekannt als Spider-Man, möchte unbedingt den Naturwissenschafts-Wettbewerb der Schule gewinnen. Doch der Wettbewerb muss warten, denn der tentakelige Schurke Doktor Octopus versucht die Riesen-Partikel von Ant-Man und Wasp zu stehlen. Können die drei Superhelden Doktor Octopus aufhalten? Und bekommt Spidey am Ende den langersehnten Pokal?

www.cbj-verlag.de

Beschäftigungsspaß für kleine und große Marvel-Fans

MARVEL Helden zum
Ausmalen
80 Seiten,
ISBN 978-3-570-17794-5

MARVEL Avengers
Endgame – 1000 Sticker
40 Seiten,
ISBN 978-3-570-17792-1

MARVEL Doodles –
Superhelden-Kritzelspaß
128 Seiten,
ISBN 978-3-570-17840-9

MARVEL Superhelden-
Wimmelbuch
24 Seiten,
ISBN 978-3-570-17841-6

MARVEL Helden in Action
64 Seiten,
ISBN 978-3-570-17837-9

8436_5

www.cbj-verlag.de